AF284448

Impressum
Verlag: BABADADA GmbH, Nedderfeld 112 , 22529 Hamburg
Geschäftsführer / Verlagsleitung: Harald Hof
Druck: Books on Demand GmbH, In de Tarpen 42, 22848 Norderstedt

Imprint
Publisher: BABADADA GmbH, Nedderfeld 112 , 22529 Hamburg, Germany
Managing Director / Publishing direction: Harald Hof
Print: Books on Demand GmbH, In de Tarpen 42, 22848 Norderstedt

school
lekol

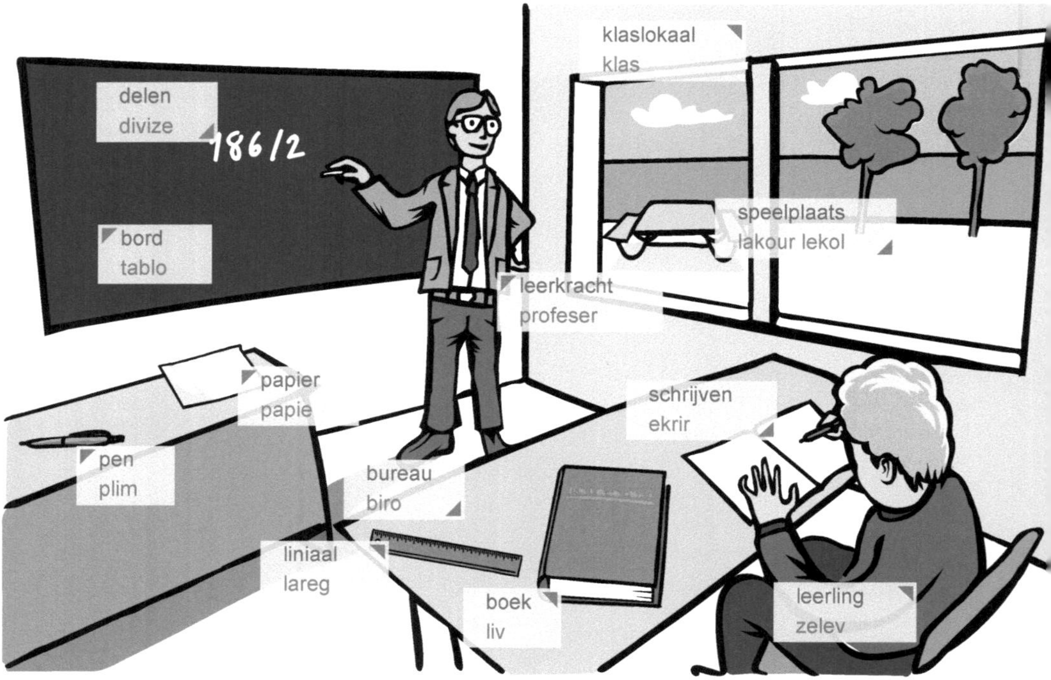
klaslokaal
klas
delen
divize
186/2
speelplaats
lakour lekol
bord
tablo
leerkracht
profeser
papier
papie
schrijven
ekrir
pen
plim
bureau
biro
liniaal
lareg
boek
liv
leerling
zelev

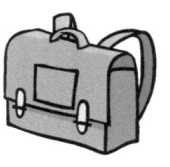

schooltas
sak lekol

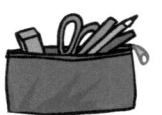

pennenzak
plimie

potlood
kreyon

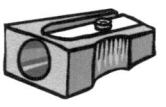

puntenslijper
egizwar

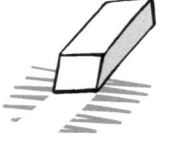

gom
gom

tekenblok
kaye desin

tekening

desin

verfborstel

pinso

verfdoos

bwat lapintir

schaar

sizo

lijm

lakol

werkboek

kaye devwar

huiswerk

devwar

nummer

nimero

optellen

azoute

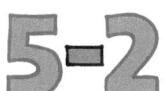

aftrekken

retire

vermenigvuldigen

miltipliye

rekenen

kalkile

letter

let

alfabet

alfabet

woord

mo

tekst

text

Lezen

lir

krijt

lakre

les

leson

klassenboek

rezis

examen

lexame

certificaat

sertifika

schooluniform

iniform lekol

onderwijs

ledikasion

encyclopedie

lansiklopedi

universiteit

liniversite

microscoop

mikroskop

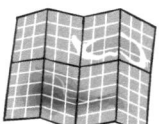

kaart

map

papiermand

poubel

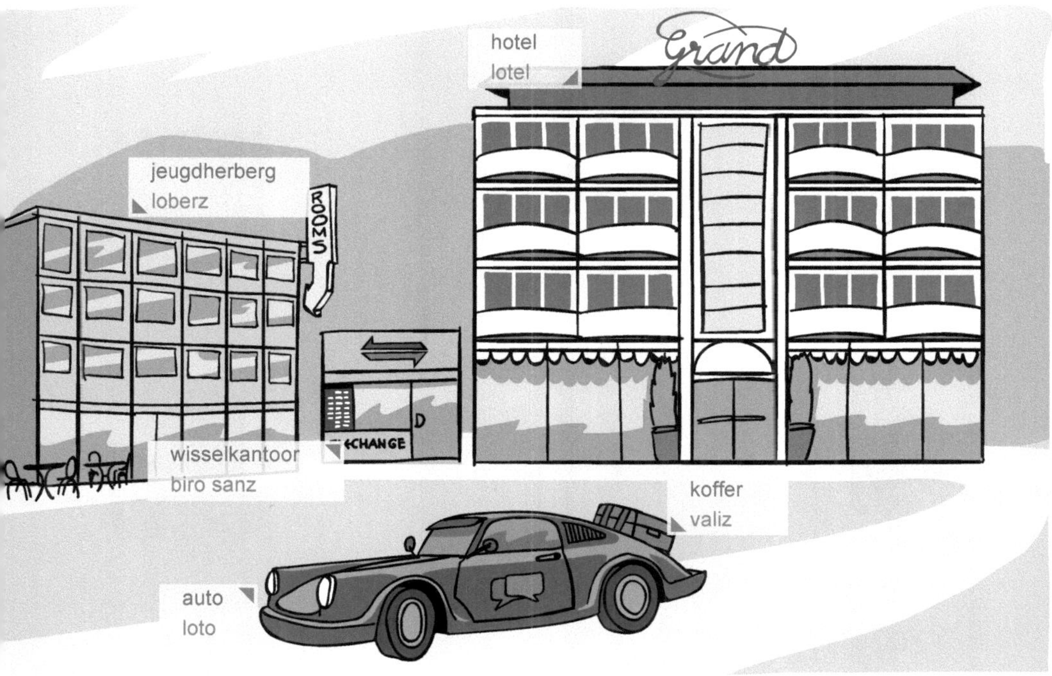

hotel
lotel
Grand
jeugdherberg
loberz
ROOMS
wisselkantoor
biro sanz
EXCHANGE
koffer
valiz
auto
loto

Taal
langaz

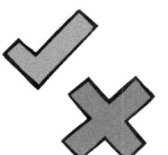

ja / nee
wi / non

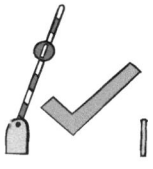

oké
okay

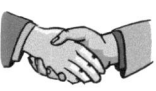

hallo
Alo

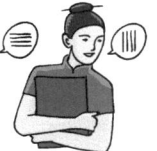

vertaler
tradikter

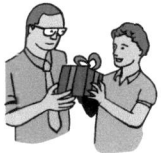

bedankt
Mersi

Hoeveel kost …?

komie sa..?

Ik begrijp het niet

Mo pa pe konpran

probleem

problem

Goedenavond!

Bonswar!

Goedemorgen!

Bonzour!

Goedenavond!

Bonn nwi!

Tot ziens

o-revwar

richting

direksion

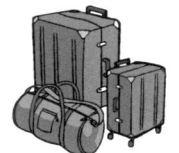

bagage

bagaz

zak

sak

rugzak

sak-a-do

gast

ot

kamer

pies

slaapzak

sak kousaz

tent

latant

toeristeninformatie

lofis tourism

strand

laplaz

kredietkaart

kart kredi

ontbijt

:i-dezene

lunch

dezene

avondeten

dine

ticket

biye

lift

lasanser

postzegel

tem

grens

frontier

douane

ladwann

ambassade

lanbasad

visum

viza

paspoort

paspor

transport
transpor

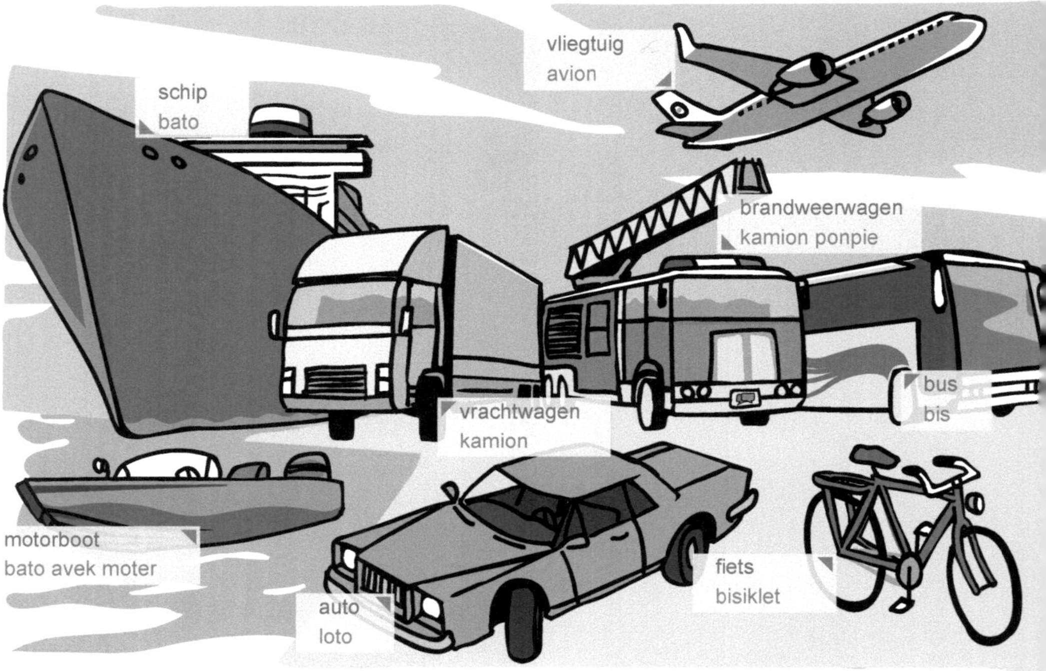
vliegtuig
avion
schip
bato
brandweerwagen
kamion ponpie
bus
bis
vrachtwagen
kamion
motorboot
bato avek moter
fiets
bisiklet
auto
loto

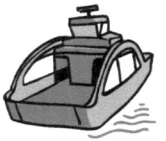

veerboot

feri

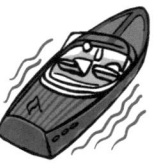

boot

bato

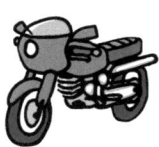

motor

motosiklet

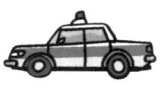

politiewagen

loto lapolis

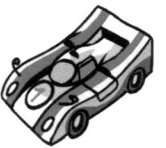

racewagen

loto lekours

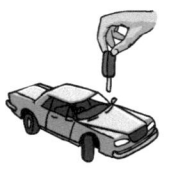

huurauto

loto lokasion

carpoolen

ko-vwatiraz

sleepwagen

kamion towing

vuilniswagen

kamion salte

motor

moter

benzine

lesans

benzinestation

filing

verkeersbord

pano indikasion

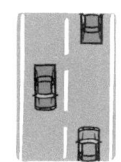

verkeer

trafik

file

anbouteyaz

parkeerplaats

parking

station

stasion trin

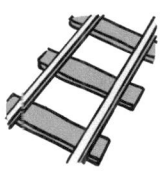

sporen

ray

trein

trin

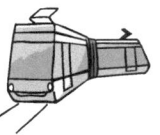

tram

tram

wagon

vagon

helikopter

elikopter

luchthaven

aeropor

toren

towing

passagier

pasaze

container

kontener

karton

karton

kar

sario

mand

panie

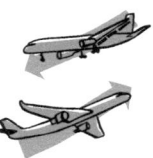

opstijgen / landen

dekole / aterir

stad

lavil

dorp

vilaz

stadscentrum

sant-vil

huis

lakaz

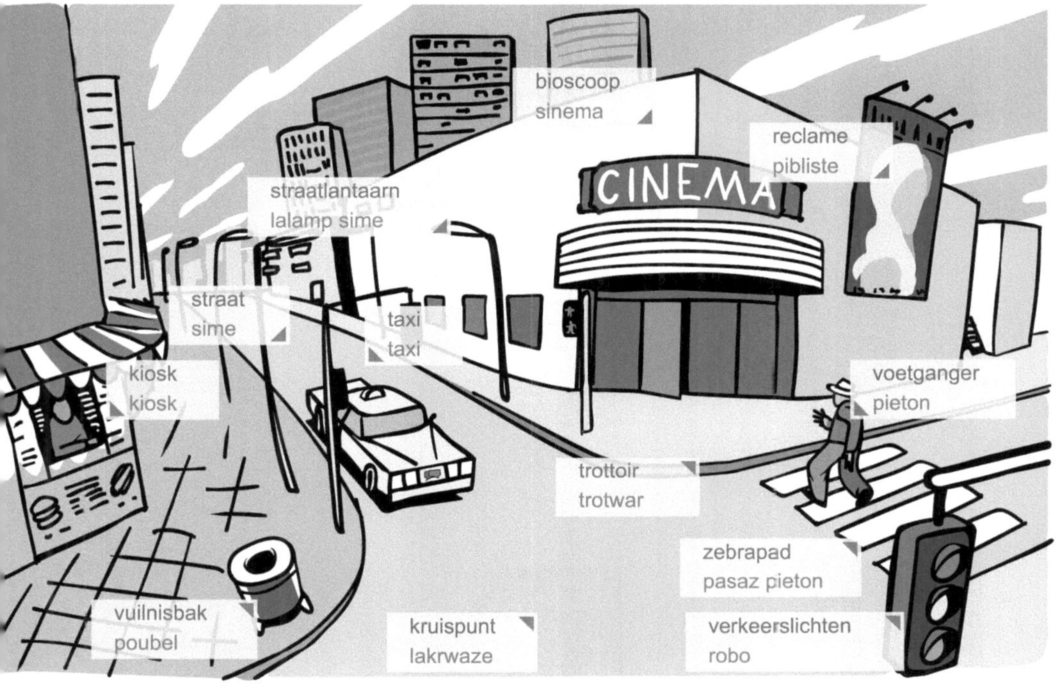

bioscoop
sinema

reclame
pibliste

straatlantaarn
lalamp sime

CINEMA

straat
sime

taxi
taxi

voetganger
pieton

kiosk
kiosk

trottoir
trotwar

zebrapad
pasaz pieton

vuilnisbak
poubel

kruispunt
lakrwaze

verkeerslichten
robo

hut
kabann

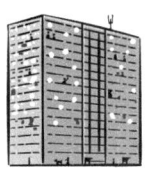

woning
flat

station
stasion trin

stadshuis
minisipalite

museum
mize

school
lekol

universiteit

liniversite

bank

labank

ziekenhuis

lopital

hotel

lotel

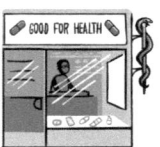

apotheek

farmasi

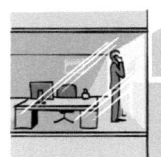

kantoor

biro

boekwinkel

libreri

winkel

magazin

bloemenwinkel

fleris

supermarkt

sipermarse

markt

bazar

warenhuis

gran magazin

vishandelaar

pwasonnri

winkelcentrum

sant komersial

haven

lepor

park

park

bank

labank

brug

pon

trap

leskalie

metro

metro

tunnel

tinel

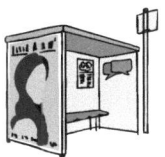

bushalte

bistop

bar

bar

restaurant

restoran

brievenbus

bwat-a-let

straatnaambord

pano

parkeermeter

parkmet

zoo

zoo

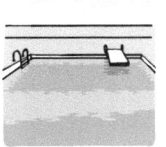

zwembad

pisinn

moskee

moske

boerderij
laferm

milieuverontreiniging
polision

kerkhof
simitier

kerk
legliz

speelplaats
lespas pou zwe

tempel
tanp

landschap
peizaz

blad
fey

wegwijzer
pano indikasion

weg
sime

weide
preri

steen
ros

wandelaar
randonner

boom
pie

rivier
larivier

gras
lerb

bloem
fler

vallei

lavale

heuvel

kolinn

meer

lak

bos

bwa

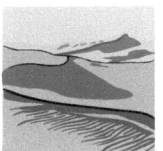

woestijn

dezer

vulkaan

volkan

kasteel

sato

regenboog

larkansiel

paddenstoel

sanpinion

palmboom

palmie

mug

moutik

vlieg

mous

mier

fourmi

bijl

abey

spin

zarenie

kever

koksinel

kikker

grenouy

eekhoorn

ekirey

egel

erison

haas

lapin

uil

ibou

vogel

zwazo

zwaan

sign

wild zwijn

sangliye

hert

serf

eland

elan

dam

dam

windturbine

eolienn

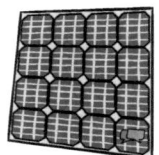

zonnepaneel

pano soler

klimaat

klima

restaurant
restoran

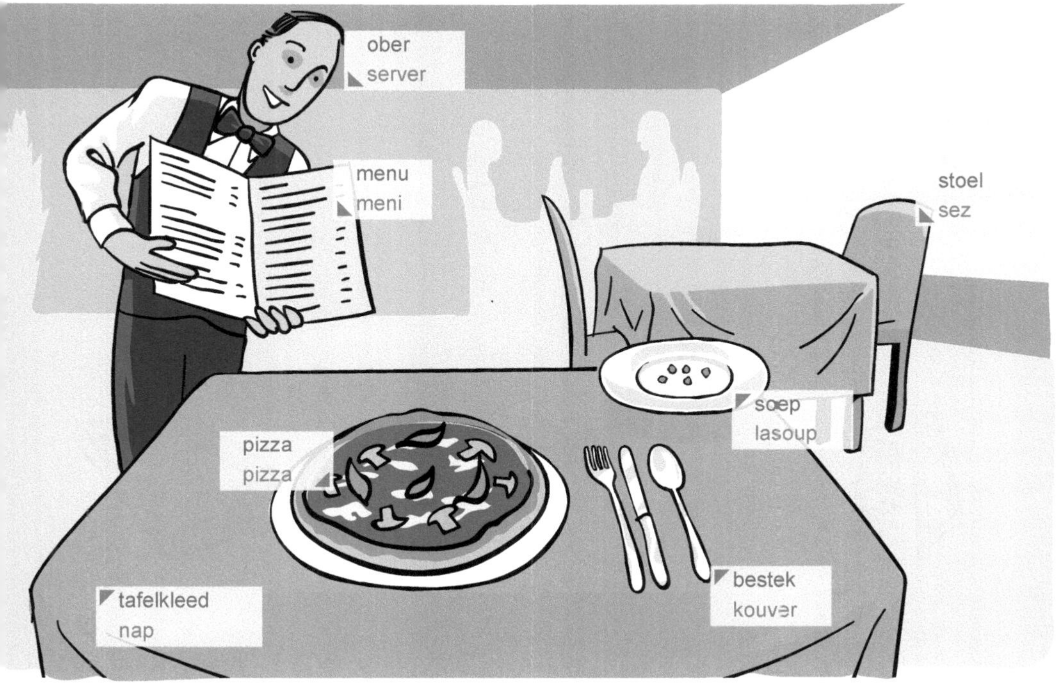
ober
server
menu
meni
stoel
sez
soep
lasoup
pizza
pizza
bestek
kouvər
tafelkleed
nap

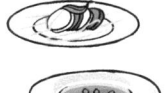

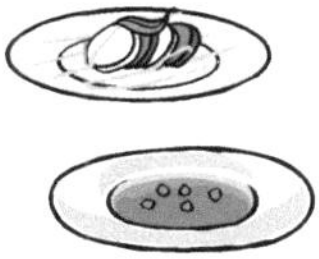

voorgerecht

lantre

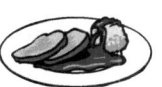

hoofdgerecht

pla prinsipal

nagerecht

deser

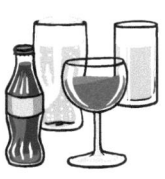

drankjes

labwason

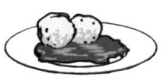

eten

manze

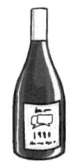

fles

boutey

fastfood
fast food

street food
take-away

theepot
teyer

suikerpot
po disik

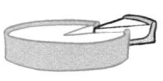

portie
porsion

espressomachine
masinn expresso

kinderstoel
sez-ot

rekening
bill

dienblad
plato

mes
kouto

vork
fourset

lepel
kwiyer

theelepel
ti-kwiyer

serviette
serviet

glas
ver

restaurant - restoran

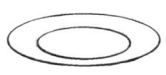

bord
lasiet

soepbord
lasiet

schoteltje
soukoup

saus
lasos

zoutvatje
po disel

pepermolen
moulin dipwav

azijn
vineg

olie
delwil

kruiden
zepis

ketchup
ketchup

mosterd
lamoutard

mayonaise
mayonez

supermarkt
sipermarse

aanbieding
promosion
FOR
klant
klian
zuivelproducten
prodwi a baz dile
fruit
frwi
winkelwagen
trole

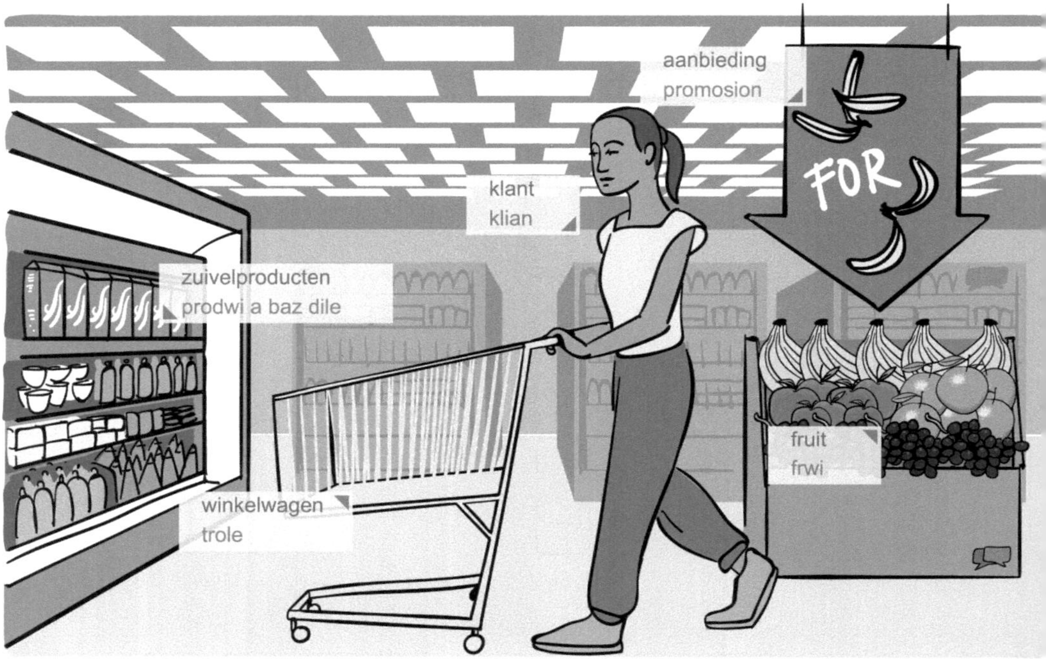

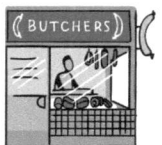

BUTCHERS
slagerij
bousri

BAKERY
bakkerij
boulanzri

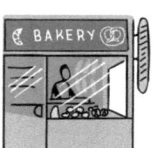

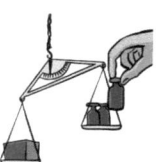

wegen
peze

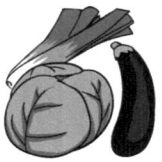

groenten
legim

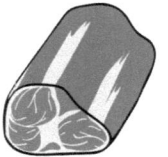

vlees
laviann

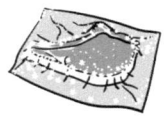

diepvriesvoedsel
aliman konzele

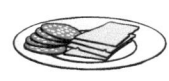

charcuterie

sarkitri

conserven

bwat konserv

waspoeder

lapoud masinn

snoep

bonbon

huishoudproducten

komision

schoonmaakproducten

deterzan

verkoopster

vandez

kassa

lakes

kassier

kesie

boodschappenlijstje

lalis komision

openingstijden

ouvertir

portefeuille

portfey

kredietkaart

kart kredi

tas

sak

plastieken zakje

sak plastik

water

delo

sap

zi

melk

dile

cola

coca

wijn

divin

bier

labier

alcohol

lalkol

cacao

sokola so

thee

dite

koffie

kafe

espresso

expresso

cappuccino

cappuccino

banaan

banann

appel

pom

sinaasappel

zoranz

meloen

melon

citroen

sitron

wortel

karot

knoflook

lay

bamboe

banbou

ajuin

zwayon

champignon

sanpiyon

noten

nwazet

noodles

minn

spaghetti

spageti

rijst

diri

salade

salad

frieten

chips

gebakken aardappelen

pomdeter frir

pizza

pizza

hamburger

burger

sandwich

sandwich

kalfslapje

eskalop

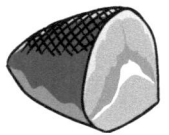

ham

zanbon

salami

salami

worst

sosis

kip

poul

braden

roti

vis

pwason

havervlokken

oatmeal

muesli

muesli

cornflakes

kornbif

bloem

lafarinn

croissant

krwasan

pistolet

ti-dipin

brood

dipin

toast

dipin griye

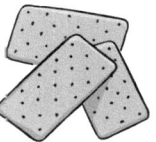

koekjes

biskwi

boter

diber

kwark

fromaz blan

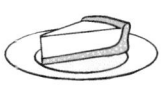

taart

gato

ei

dizef

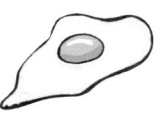

spiegelei

dizef frir

kaas

fromaz

ijs

sorbe

suiker

disik

honing

dimiel

confituur

konfitir

choco

nouga

curry

kari

boerderij
laferm

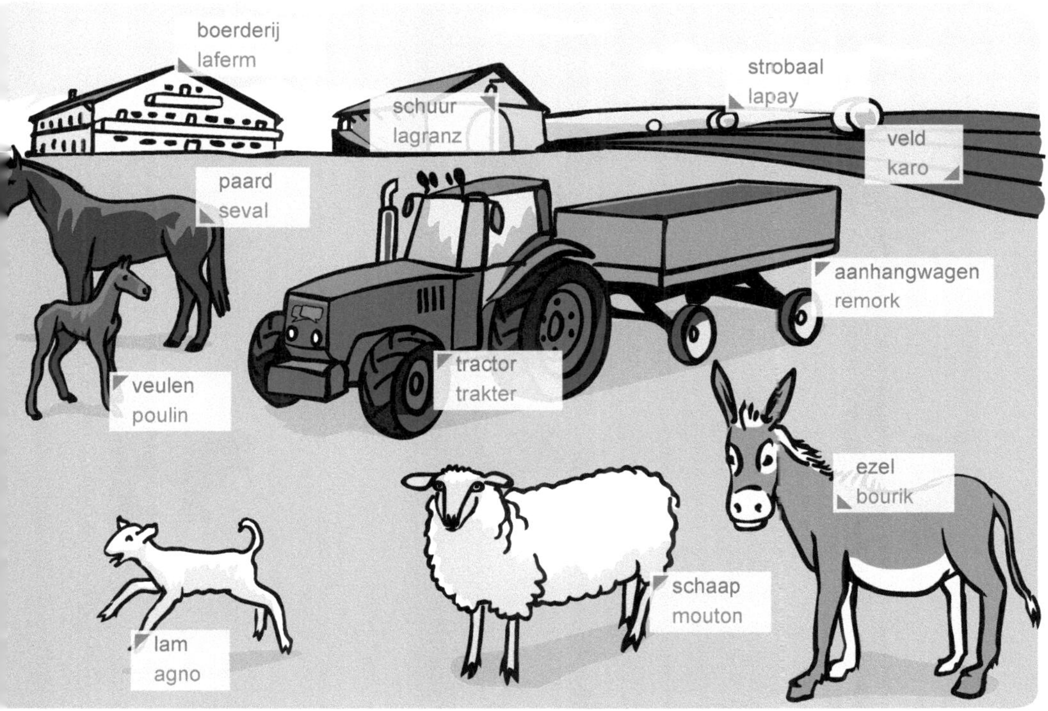
boerderij
laferm
schuur
lagranz
strobaal
lapay
veld
karo
paard
seval
aanhangwagen
remork
tractor
trakter
veulen
poulin
ezel
bourik
schaap
mouton
lam
agno

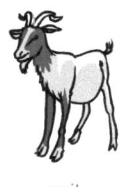

geit

kabri

koe

vas

kalf

vo

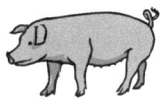

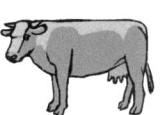

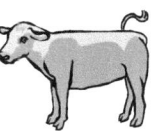

varken

koson

biggetje

ti-koson

stier

toro

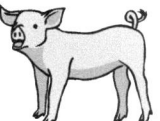

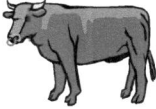

gans
lezwa

eend
kanar

kuiken
pousin

kip
poul

haan
kok

rat
lera

kat
sat

muis
souri

os
bef

hond
lisien

hondenhok
lakaz lisien

tuinslang
tiyo

gieter
arozwar

zeis
laserp

ploeg
saret

sikkel
fosi

schoffel
pios

hooivork
fours

bijl
lars

kruiwagen
bouret

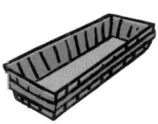

trog
kiv

melkkan
bwat dile

zak
sak

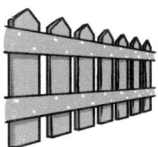

hek
fencing

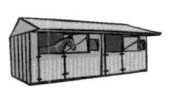

stal
letab

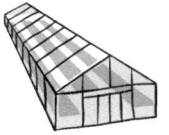

broeikas
laser

bodem
later

zaad
lagrin

mest
langre

maaidorser
masinn pou fer rekolt

oogsten
rekolte

oogst
rekolt

yam
ignam

tarwe
dible

soja
soya

aardappel
pomdeter

maïs
may

koolzaad
colza

fruitboom
zarb frwitie

maniok
maniok

graan
sereal

huis
lakaz

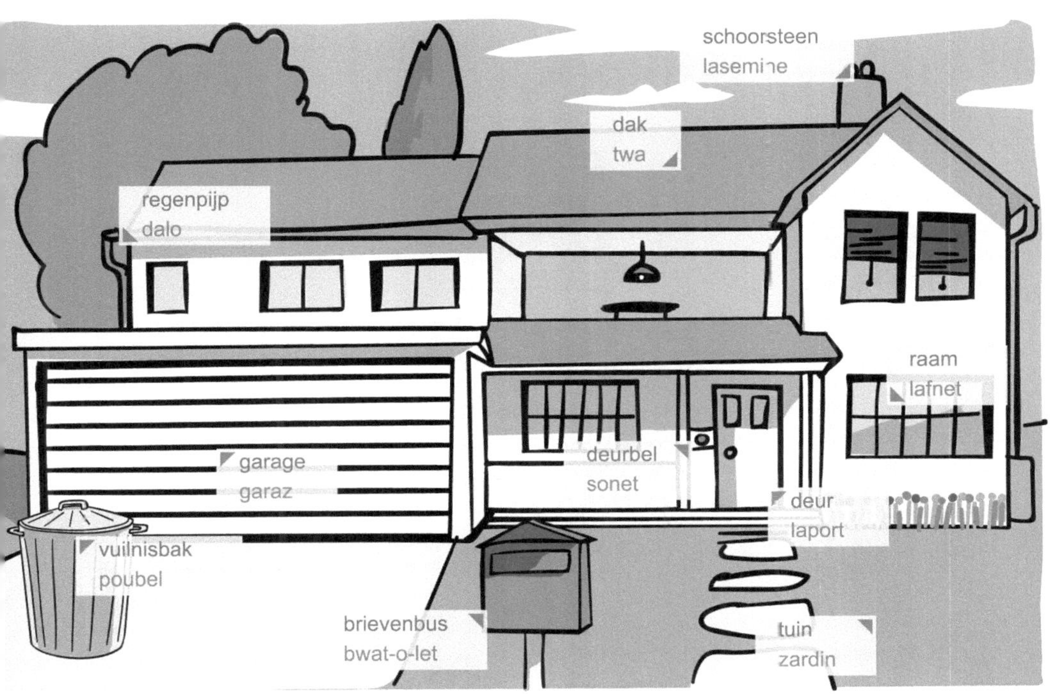
schoorsteen
lasemine
dak
twa
regenpijp
dalo
raam
lafnet
garage
garaz
deurbel
sonet
deur
laport
vuilnisbak
poubel
brievenbus
bwat-o-let
tuin
zardin

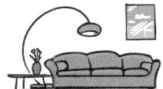

woonkamer

salon

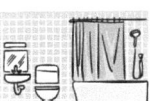

badkamer

saldebin

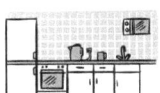

keuken

lakwizinn

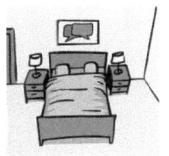

slaapkamer

lasam

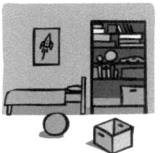

kinderkamer

lasam zanfan

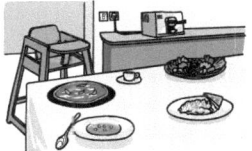

eetkamer

salamanze

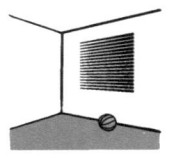

vloer
sali

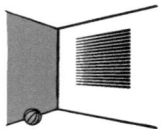

muur
miray

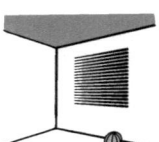

plafond
plafon

kelder
lakav

sauna
sona

balkon
balkon

terras
teras

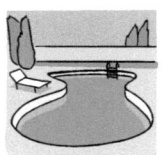

zwembad
pisinn

grasmaaier
masinn koup gazon

dekbedovertrek
dra

dekbed
kwet

bed
lili

bezem
balie

emmer
seo

schakelaar
take lalimier

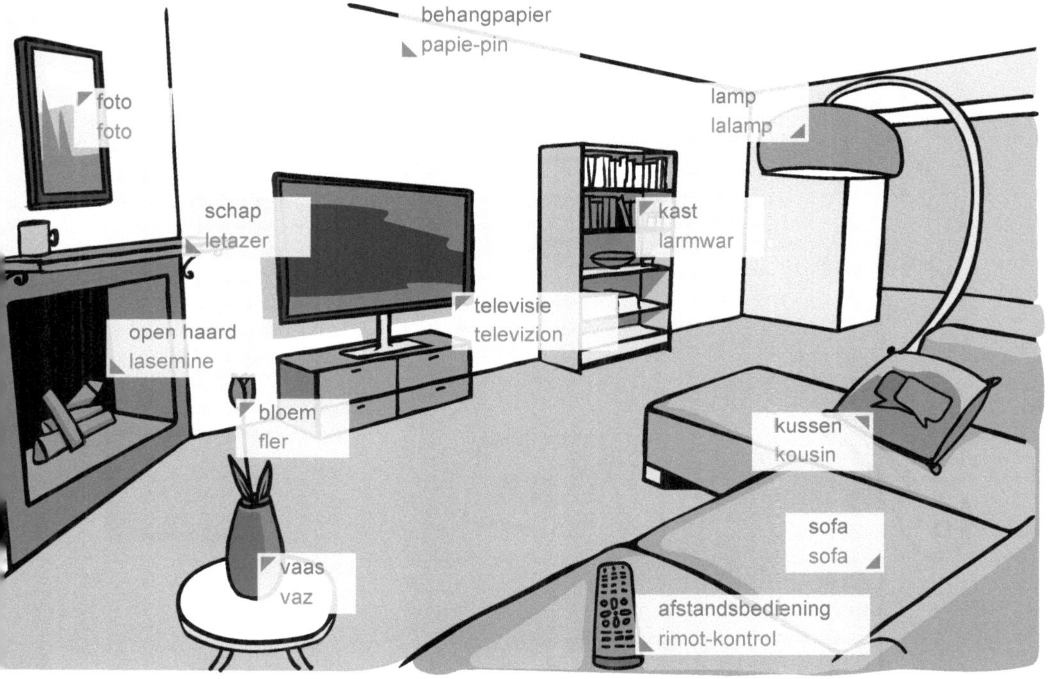

behangpapier
papie-pin

foto
foto

lamp
lalamp

schap
letazer

kast
larmwar

open haard
lasemine

televisie
televizion

bloem
fler

kussen
kousin

sofa
sofa

vaas
vaz

afstandsbediening
rimot-kontrol

mat
tapi

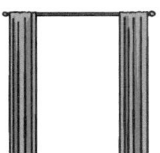

gordijn
rido

tafel
latab

stoel
sez

schommelstoel
rocking chair

fauteuil
fotey

boek

liv

deken

kouvertir

decoratie

dekorasion

brandhout

dibwa foye

film

fim

stereo-installatie

hi-fi

sleutel

lakle

krant

zournal

schilderij

lapintir

poster

poster

radio

radio

notitieboekje

bloknot

stofzuiger

laspirater

cactus

kaktis

kaars

labouzi

keuken
lakwizinn

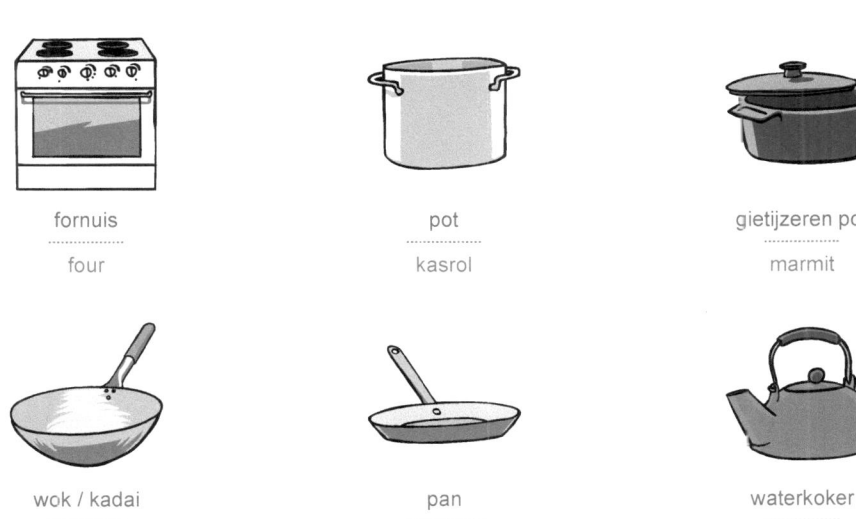

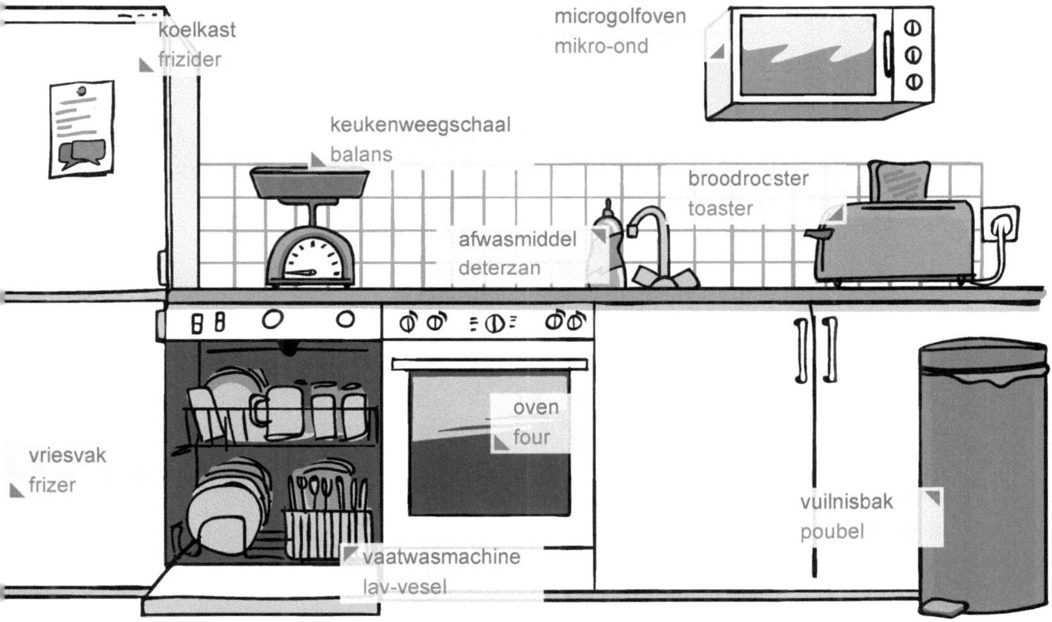

koelkast
frizider
microgolfoven
mikro-ond
keukenweegschaal
balans
broodrocster
toaster
afwasmiddel
deterzan
oven
four
vriesvak
frizer
vuilnisbak
poubel
vaatwasmachine
lav-vesel

fornuis

four

pot

kasrol

gietijzeren pot

marmit

wok / kadai

wok

pan

pwal

waterkoker

boulwar

stoomkoker

steamer

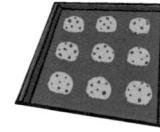

bakplaat

plak kwison

servies

vesel

mok

goble

kom

bol

eetstokjes

baget sinwa

pollepel

lous

spatel

spatil

garde

fwet

vergiet

paswar

zeef

tami

rasp

larap

mortier

mortie

barbecue

griyad

haardvuur

lasemine

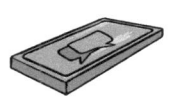

snijplank

biyo

deegrol

roulo

kurkentrekker

tirbouson

blik

bwat konserv

blikopener

ouvbwat

pannenlap

legan proteksion

gootsteen

lavabo

borstel

bros

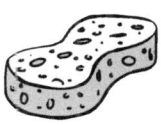

spons

leponz

blender

blender

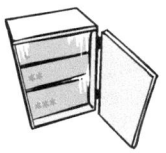

vriezer

konzelater

papfles

bibron

kraan

robine

badkamer
saldebin

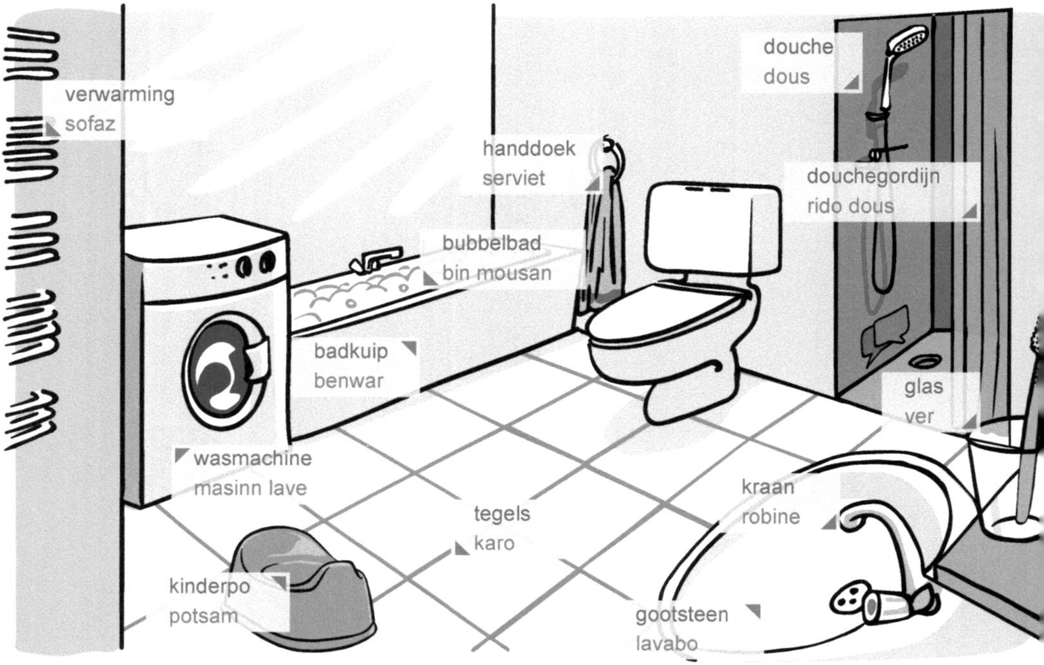

verwarming
sofaz
douche
dous
handdoek
serviet
douchegordijn
rido dous
bubbelbad
bin mousan
badkuip
benwar
glas
ver
wasmachine
masinn lave
kraan
robine
tegels
karo
kinderpo
potsam
gootsteen
lavabo

toilet

twalet

hurktoilet

twalet

bidet

bide

urinoir

piswar

toiletpapier

papie twalet

toiletborstel

bros twalet

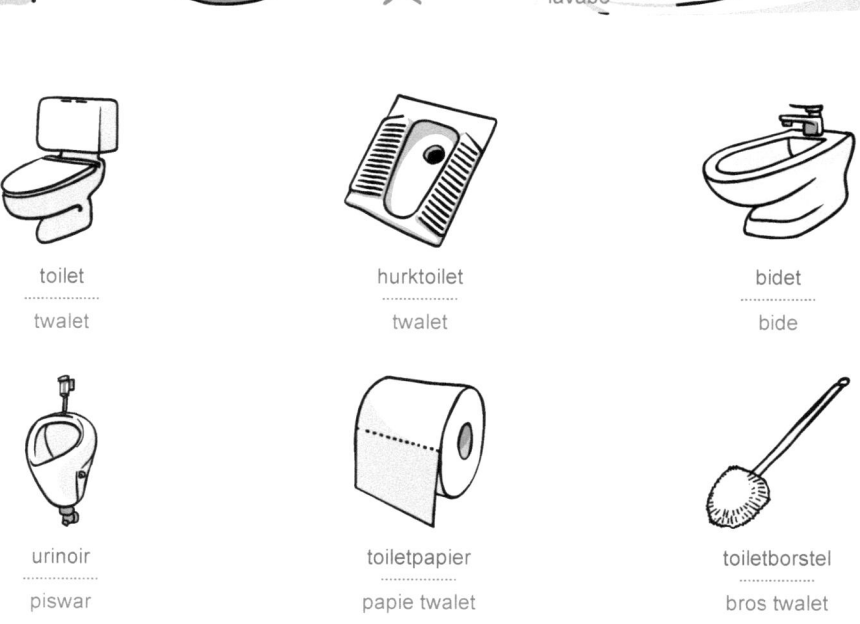

tandenborstel

bros ledan

tandpasta

dantifris

flosdraad

fil danter

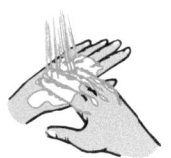

wassen

lave

handdouche

ti-bin

bidethanddouche

dous

waskom

basin

rugborstel

bros ledo

zeep

savon

douchegel

zel dous

shampoo

sanpwin

washandje

gandebin

afvoer

drin

crème

lakrem

deodorant

deodoran

spiegel

mirwar

handspiegel

mirwar

scheermes

razwar

scheerschuim

lamous pou raze

aftershave

apre-razaz

kam

pengn

borstel

bros

haardroger

seswar

haarlak

lak

make-up

makiyaz

lippenstift

dirouz

nagellak

verni

watten

cotton wool

nagelknipper

tay-zong

parfum

parfin

toilettas

trous twalet

kruk

stoul

weegschaal

balans

badjas

penwar

latex handschoenen

legan netwayaz

tampon

tanpon

maandverband

serviet izienik

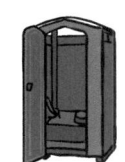

chemisch toilet

twalet simik

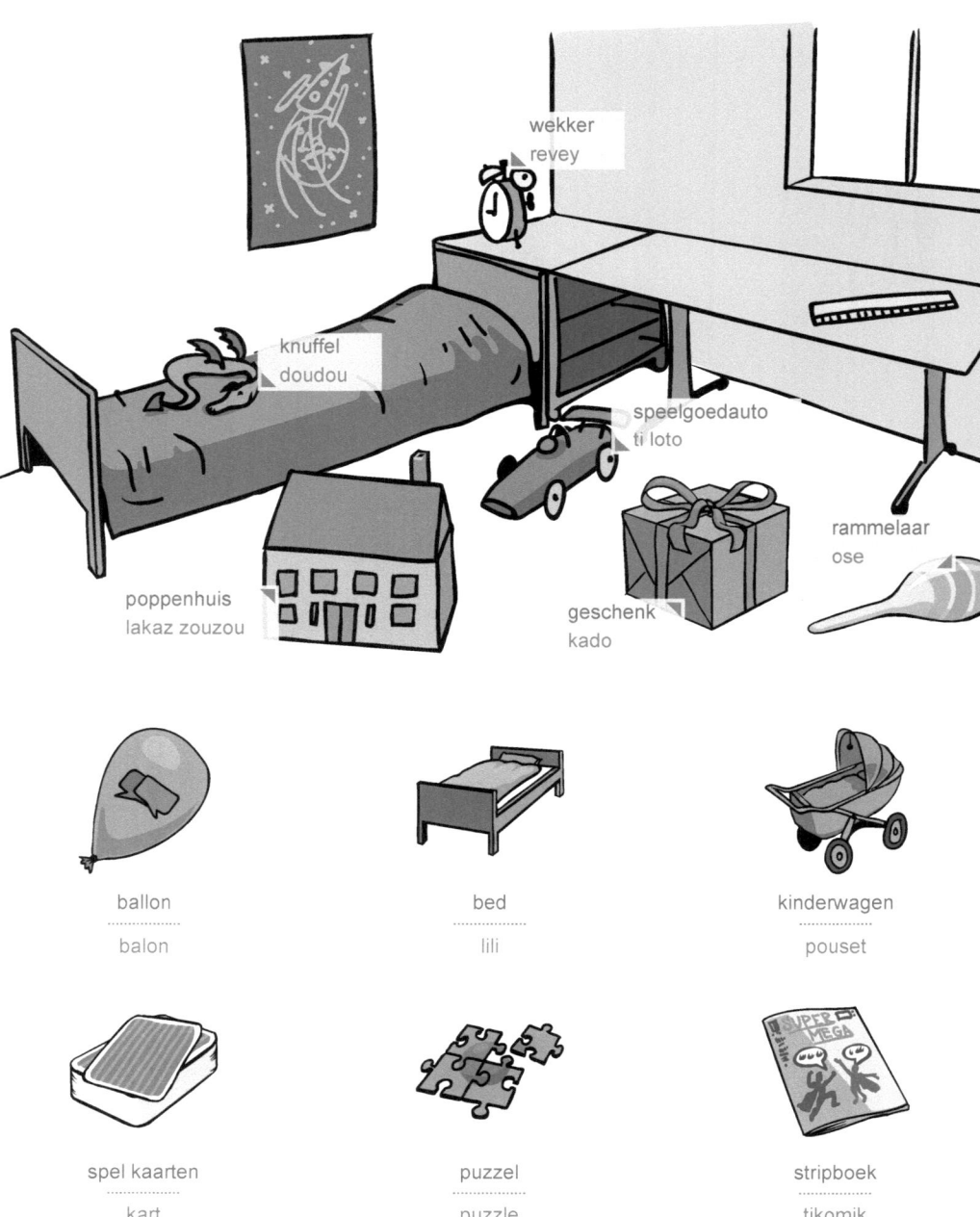

wekker
revey

knuffel
doudou

speelgoedauto
ti loto

poppenhuis
lakaz zouzou

geschenk
kado

rammelaar
ose

ballon
balon

bed
lili

kinderwagen
pouset

spel kaarten
kart

puzzel
puzzle

stripboek
tikomik

legoblokjes
lego

blokken
lego

actiefiguur
figirinn

kruippakje
grenouyer

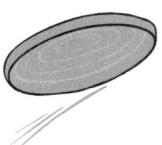

frisbee
frisbee

mobiel
mobil

bordspel
zwe

dobbelsteen
lede

modelspoorweg
trin zouzou

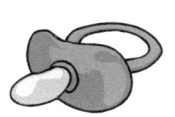

fopspeen
siset

feest
fet

prentenboek
liv ek zimaz

bal
boul

pop
poupet

spelen
zwe

zandbak

bak-a-sab

schommel

balanswar

speelgoed

zouzou

spelconsole

game

driewieler

trisik

knuffelbeer

nounours

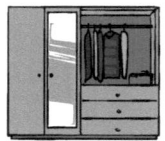

kleerkast

larmwar

kleding

linz

sokken

soset

kousen

leba

maillot

kolan

sjaal
esarp

paraplu
parapli

T-shirt
t-shirt

riem
sintir

laarzen
bot

slippers
pantouf

sneakers
tenis

sandalen
sandalet

schoenen
soulie

rubberlaarzen
bot an karotsou

onderbroek
souvetman

beha
soutiengorz

onderhemd
vest

lichaam

body

broek

pantalon

jeans

jeans

rok

zip

blouse

blouz

hemd

simiz

trui

pull-over

capuchontrui

blouzon ek kapison

blazer

vest

jas

jaket

jas

manto

regenjas

pardesi

kostuum

kostim

jurk

rob

trouwjurk

rob lamarye

pak
....
kostim

nachthemd
....
robdesam

pyjama
....
pizama

sari
....
sari

hoofddoek
....
foular

tulband
....
tirban

boerka
....
bourka

kaftan
....
kaftan

abaya
....
abaya

badpak
....
mayo de bin

zwembroek
....
mayo de bin

short
....
sorti de sekour

trainingspak
....
linz spor

schort
....
tabliye

handschoenen
....
legan

knoop

bouton

bril

linet

armband

brasle

ketting

kolie

ring

bag

oorbel

zanon

pet

bone

kapstok

sint

hoed

sapo

das

kravat

rits

fermetirekler

helm

elmet

bretellen

bretel

schooluniform

iniform lekol

uniform

iniform

slabbetje
....
bavwar

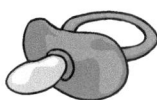

fopspeen
....
siset

luier
....
lanz

kantoor
biro

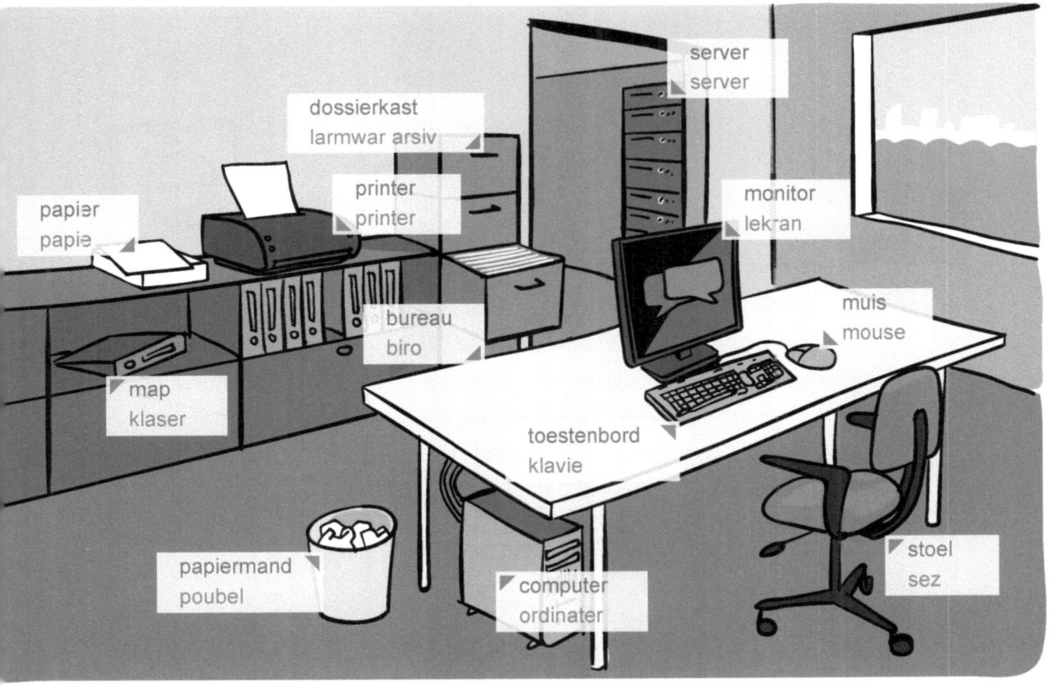

server
server

dossierkast
larmwar arsiv

printer
printer

papier
papie

monitor
lekran

bureau
biro

muis
mouse

map
klaser

toestenbord
klavie

papiermand
poubel

stoel
sez

computer
ordinater

koffiemok
....
mug

rekenmachine
....
kalkilatris

internet
....
internet

laptop

laptop

brief

let

bericht

mesaz

gsm

portab

netwerk

rezo

kopieerapparaat

fotokopi

software

lozisiel

telefoon

telefonn

stopcontact

priz

fax

fax

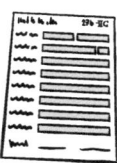

formulier

form

document

dokiman

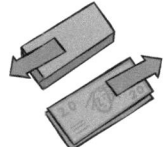

kopen

aste

betalen

peye

handelen

fer biznes

geld

larzan

dollar

dolar

euro

euro

yen

yen

roebel

rouble

Zwitserse frank

fran swis

Chinese renminbi

renminbi yuan

roepie

roupi

geldautomaat

distribiter biye

wisselkantoor

biro sanz

goud

lor

zilver

larzan

olie

petrol

energie

lenerzi

prijs

pri

contract

kontra

belasting

tax

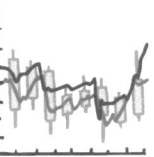

aandeel

aksion

werken

travay

werknemer

anplwaye

werkgever

anplwayer

fabriek

lizinn

winkel

magazin

beroepen
travay

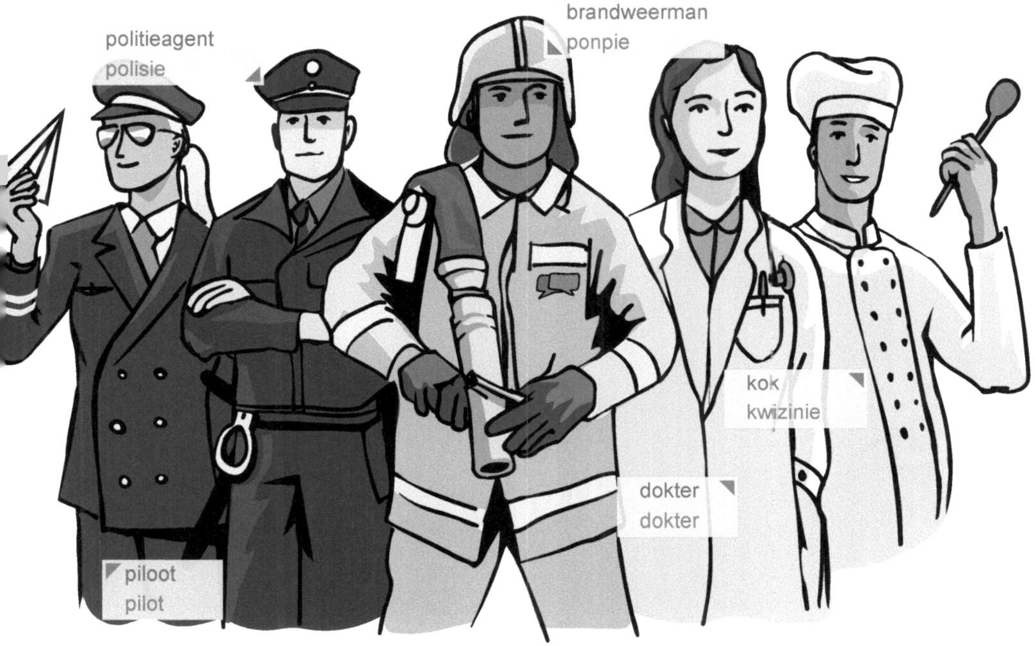
politieagent
polisie
brandweerman
ponpie
kok
kwizinie
dokter
dokter
piloot
pilot

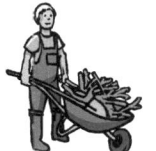

tuinman

zardinie

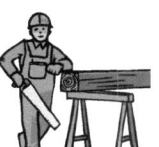

timmerman

sarpantie

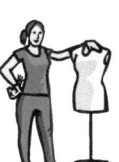

naaister

koutirier

rechter

ziz

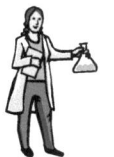

chemicus

simis

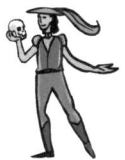

acteur

akter

buschauffeur

sofer bis

taxichauffeur

sofer taxi

visser

peser

schoonmaakster

bonn

dakdekker

zouvriye twa lakaz

ober

server

jager

saser

schilder

pint

bakker

boulanze

elektricien

elektrisien

bouwvakker

zouvriye

ingenieur

inzenier

slager

bouse

loodgieter

plonbie

postbode

fakter

soldaat

solda

architect

arsitek

kassier

kesie

bloemist

fleris

kapper

kwafez

conducteur

chek

mecanicien

mekanisien

kapitein

kapitenn

tandarts

dantis

wetenschapper

siantis

rabbijn

rabi

imam

imam

monnik

mwann

geestelijke

pret

werktuigen
zouti

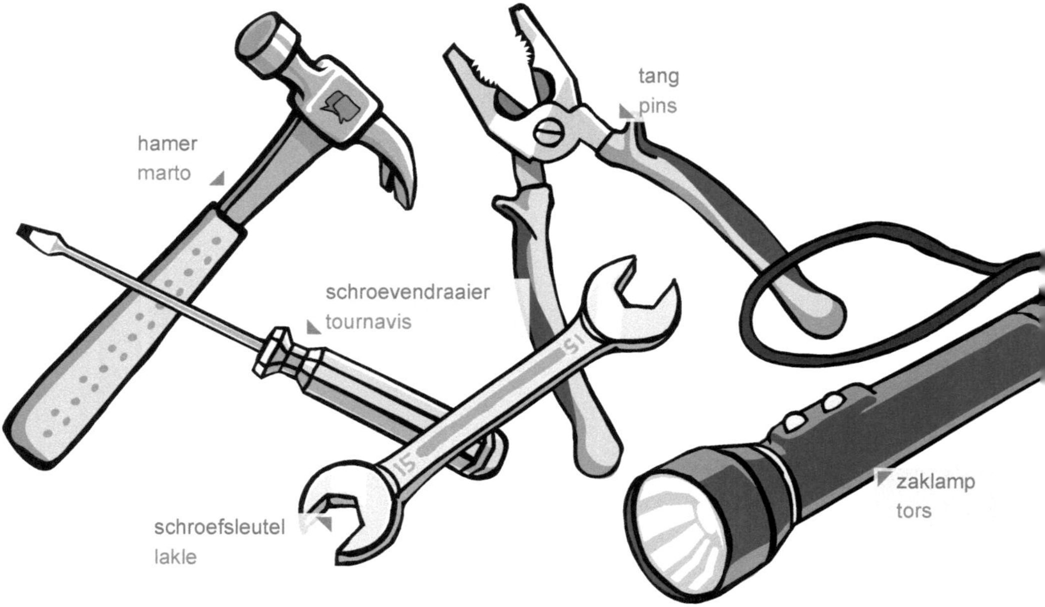

hamer
marto
tang
pins
schroevendraaier
tournavis
schroefsleutel
lakle
zaklamp
tors

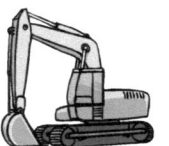

graafmachine

peltez

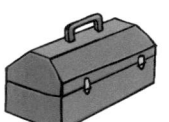

gereedschapskoffer

bwat zouti

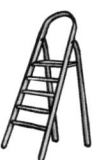

ladder

lesel

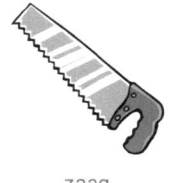

zaag

lasi

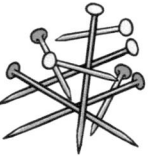

spijkers

koulou

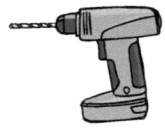

boormachine

persez

repareren

aranze

schop

lapel

Verdomme!

Ayo!

blik

lapel

verfpot

po lapintir

schroeven

vis

muziekinstrumenten
instriman lamizik

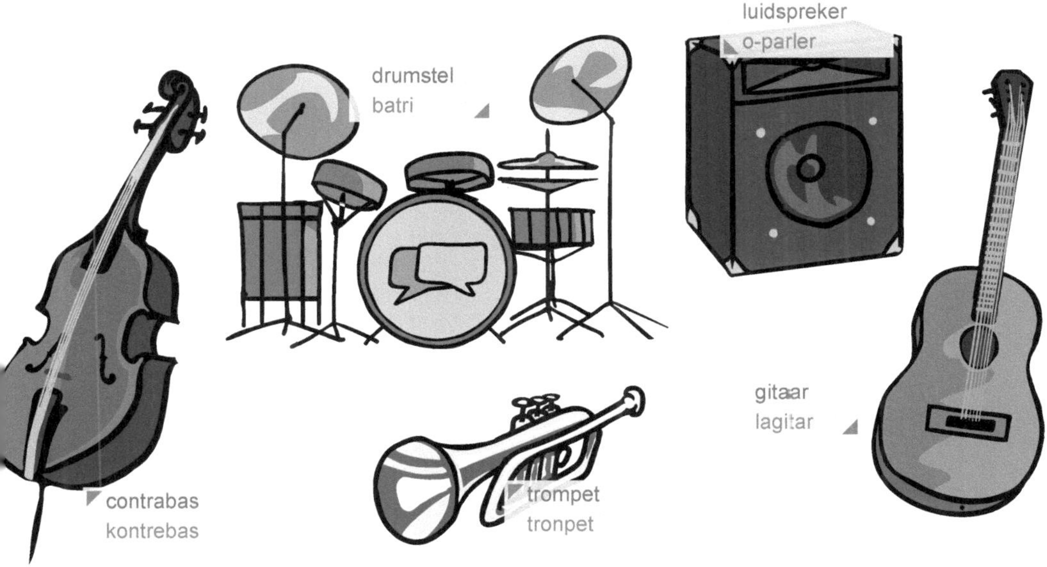

drumstel
batri

luidspreker
o-parler

contrabas
kontrebas

trompet
tronpet

gitaar
lagitar

piano
piano

viool
violon

basgitaar
bas

pauk
tinbal

trommels
tanbour

keyboard
klavie

saxofoon
saxofonn

fluit
laflit

microfoon
mikro

tijger
tig

ingang
lantre

kooi
kaz

zebra
zeb

diereneten
manze pou zanimo

panda
panda

dieren
....
zanimo

olifant
....
lelefan

kangoeroe
....
kangourou

neushoorn
....
rinoceros

gorilla
....
gori

beer
....
lours

kameel

samo

struisvogel

lotris

leeuw

lion

aap

zako

flamingo

flaman roz

papegaai

peroke

ijsbeer

lours poler

pinguïn

pingwi

haai

rekin

pauw

pan

slang

serpan

krokodil

krokodil

dierenverzorger

gardien zoo

zeehond

fok

jaguar

zagwar

pony
poney

luipaard
leopar

nijlpaard
ipopotam

giraffe
ziraf

adelaar
leg

wild zwijn
sangliye

vis
pwason

zeeschildpad
torti

walrus
mors

vos
renar

gazelle
gazel

rugby
foutborl ameriken

wielrennen
siklism

tennis
tenis

basketbal
basketball

zwemmen
natasion

boksen
labox

ijshockey
oke lor gazon

voetbal
foutborl

badminton
badminton

atletiek
atletism

handbal
handball

skiën
ski

polo
polo

springen
sote

knuffelen
maye

lachen
riye

zingen
sante

wandelen
marse

dromen
reve

bidden
priye

kussen
anbrase

schrijven
ekrir

tekenen
desine

tonen
montre

duwen
pouse

geven
done

nemen
pran

hebben

ena

doen

fer

zijn

ete

staan

diboute

lopen

galoupe

trekken

rise

gooien

zete

vallen

tonbe

liggen

alonze

wachten

atann

dragen

amene

zitten

asize

aankleden

abiye

slapen

dormi

ontwaken

leve

kijken naar

gete

wenen

plore

aaien

karese

kammen

pengne

praten

koze

begrijpen

konpran

vragen

dimande

luisteren

ekoute

drinken

bwar

eten

manze

opruimen

netwaye

houden van

kontan

koken

kwi

rijden

kondir

vliegen

anvole

zeilen

fer lavwal

rekenen

kalkile

Lezen

lir

leren

aprann

werken

travay

trouwen

marye

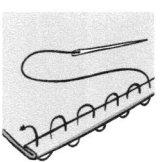

naaien

koud

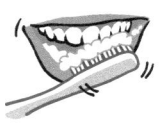

tandenpoetsen

bros ledan

doden

touye

roken

fime

sturen

avoye

grootmoeder
granmer

grootvader
granper

vader
papa

moeder
mama

baby
ti-baba

dochter
tifi

zoon
garson

gast
ot

tante
matant

oom
tonton

broer
frer

zus
ser

lichaam
lekor

voorhoofd
fron
oog
lizie
schouder
zepol
vinger
ledwa
gezicht
figir
kin
manton
hand
lame
been
lazam
borst
tete
arm
lebra

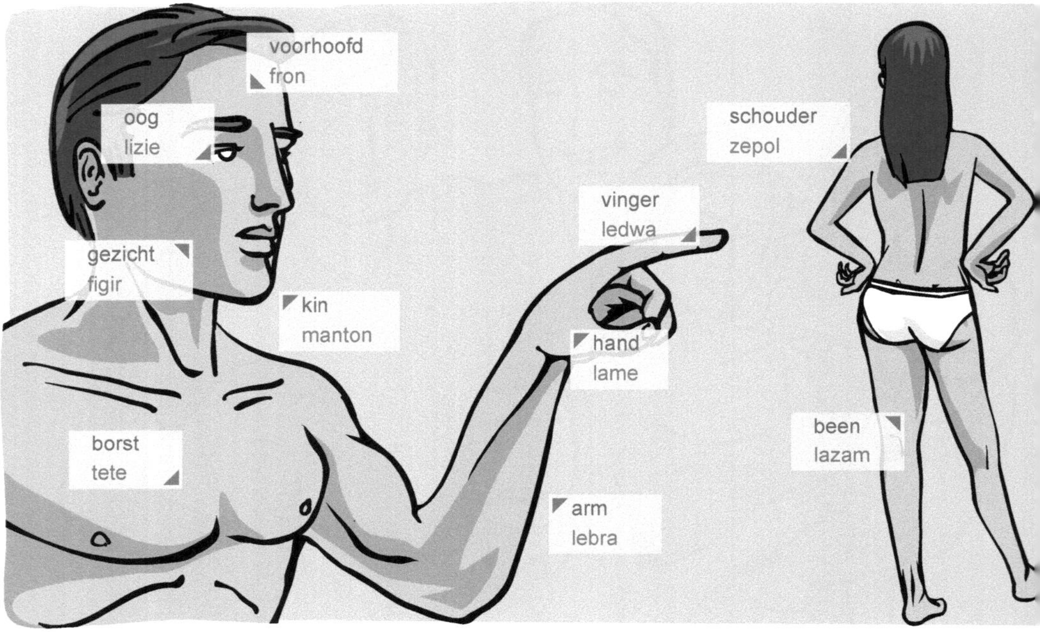

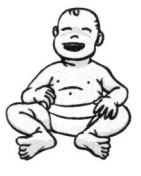

baby

ti-baba

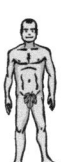

man

zom

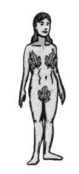

vrouw

fam

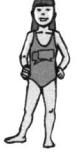

meisje

tifi

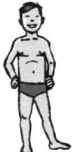

jongen

ti-garson

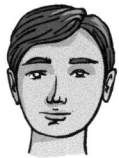

hoofd

latet

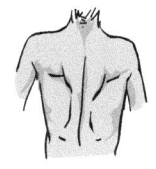

rug
ledo

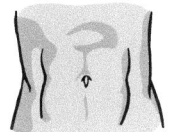

buik
vant

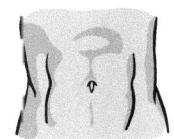

navel
lonbri

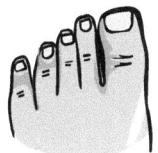

teen
zortey

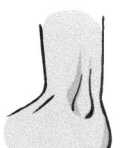

hiel
talon

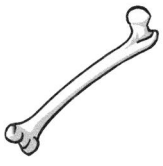

bot
lezo

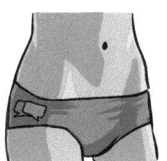

heup
laans

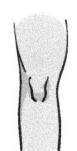

knie
zenou

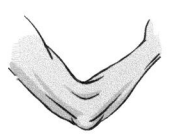

elleboog
koud

neus
nene

zitvlak
fes

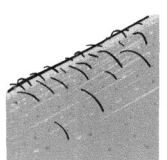

huid
lapo

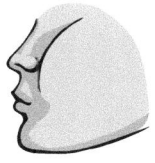

wang
lazou

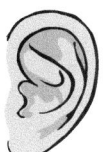

oor
zorey

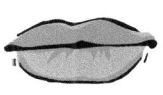

lip
lalev

mond
labous

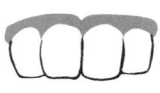

tand
ledan

tong
lalang

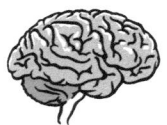

hersenen
servo

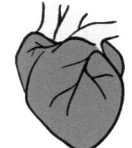

hart
leker

spier
mix

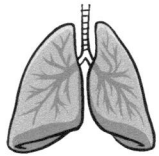

long
poumon

lever
lefwa

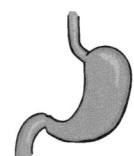

maag
lestoma

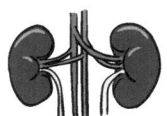

nieren
lerin

seks
sex

condoom
kapot

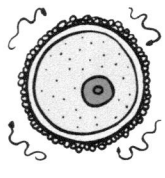

eicel
ovil

sperma
sperm

zwangerschap
groses

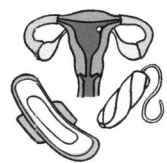

menstruatie

period

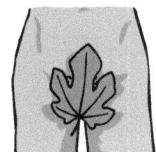

vagina

vazin

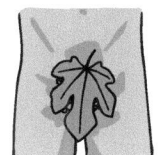

penis

penis

wenkbrauw

soursi

haar

seve

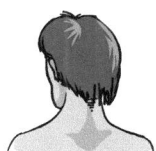

nek

likou

ziekenhuis
lopital

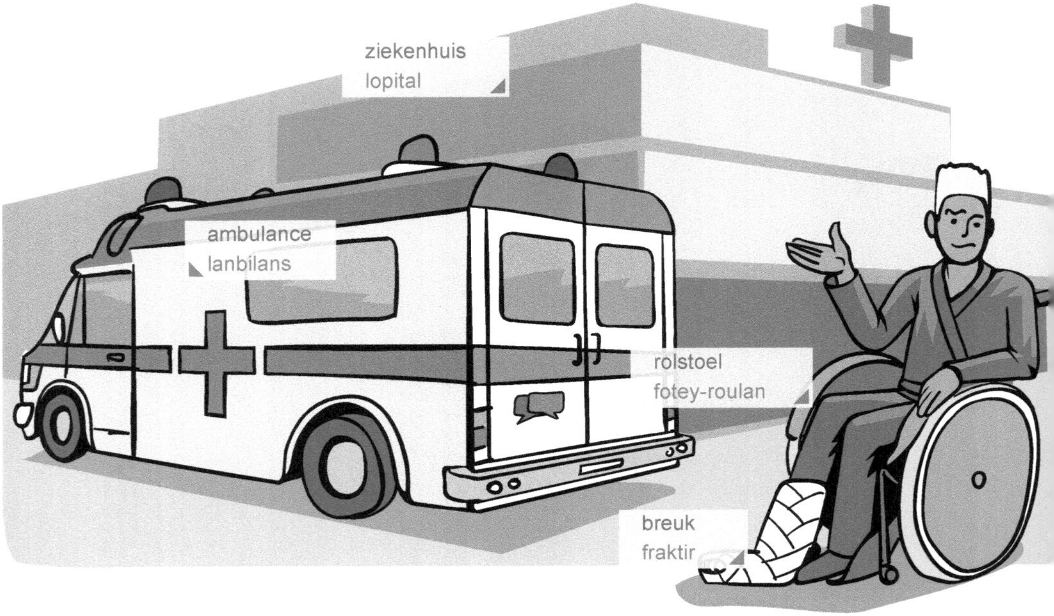

ziekenhuis
lopital
ambulance
lanbilans
rolstoel
fotey-roulan
breuk
fraktir

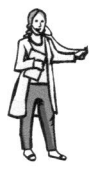

dokter

dokter

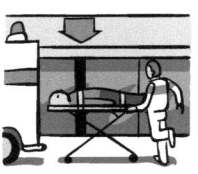

spoed

servis irzans

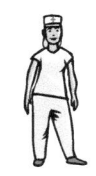

verpleegkundige

ners

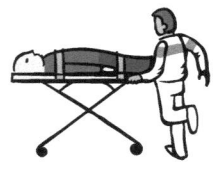

noodgeval

irzans

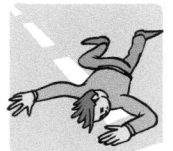

bewusteloos

inkonsian

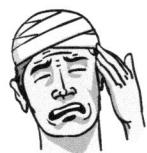

pijn

douler

verwonding
blesir

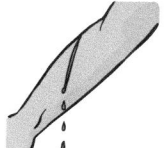

bloeding
emorazi

hartaanval
kriz kardiak

beroerte
atak serebral

allergie
alerzik

hoest
touse

koorts
lafiev

griep
lagrip

diarree
diare

hoofdpijn
malad latet

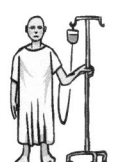

kanker
kanser

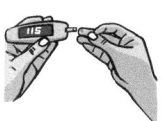

diabetes
diabet

chirurg
sirirzien

scalpel
skalpel

operatie
operasion

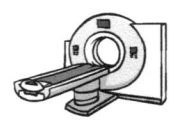

CT

CT

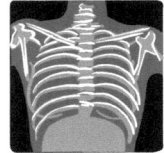

röntgenstraal

x-ray

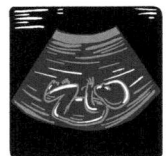

ultrageluid

iltrason

gezichtsmasker

mask

ziekte

maladi

wachtkamer

sal-datant

kruk

beki

pleister

pansman

verband

bandaz

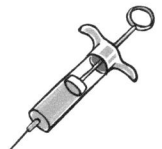

injectie

inzeksion

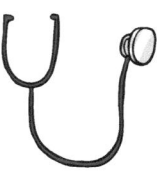

stethoscoop

stetoskop

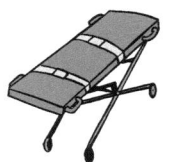

brancard

brankar

thermometer

termomet

geboorte

nesans

overgewicht

sirpwa

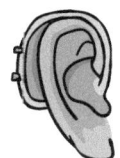

hoorapparaat

laɔarey oditif

ontsmettingsmiddel

dezinfektan

infectie

infeksion

virus

viris

HIV / AIDS

HIV / SIDA

medicijn

medsinn

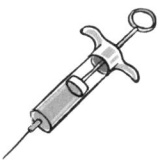

vaccinatie

vaksinasion

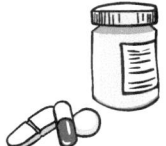

tabletten

konprime

pil

pilil kontraseptif

noodoproep

korl irzans

bloeddrukmeter

laparey tansion

ziek / gezond

malad / bien

Help!

o-sekour

alarm

alarm

overval

atak

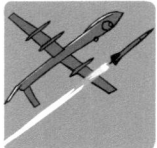

aanval

atak

gevaar

danze

nooduitgang

sorti de sekour

Brand!

Dife!

brandblusser

laponp dife

ongeval

aksidan

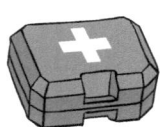

EHBO-kit

kit first aid

SOS

SOS

politie

lapolis

Europa

Ierop

Noord-Amerika

Lamerik di nor

Zuid-Amerika

Lamerik di sid

Afrika

Iafrik

Azië

Iazi

Australië

Iostrali

Atlantische Oceaan

Iatlantik

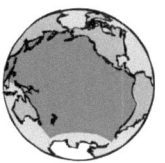

Stille Oceaan

pasifik

Indische Oceaan

Iosean indien

Antarctische Oceaan

Iosean antartik

Arctische Oceaan

Iosean artik

Noordpool

Pol Nor

Zuidpool

Pol Sid

Antarctica

lantartik

aarde

later

land

later

zee

lamer

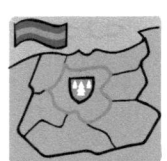

eiland

zil

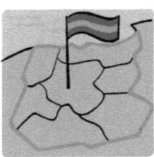

natie

nasion

staat

leta

wijzerplaat

kadran

uurwijzer

zegwi ler

minuutwijzer

zegwi minit

secondewijzer

zegwi segonn

Hoe laat is het?

ki ler la ?

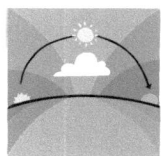

dag

zour

tijd

letan

nu

aster-la

digitale horloge

mont dizital

minuut

minit

uur

ler

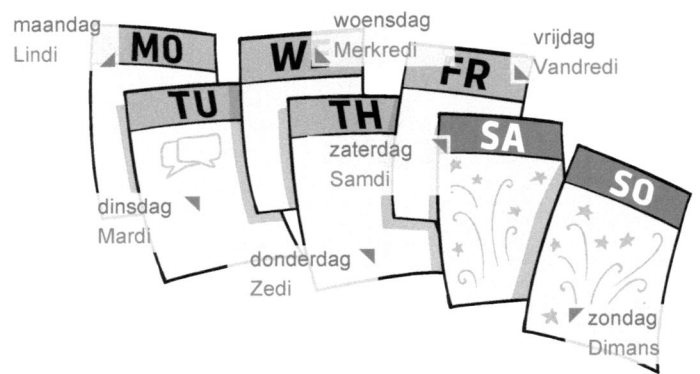

maandag
Lindi

woensdag
Merkredi

vrijdag
Vandredi

dinsdag
Mardi

zaterdag
Samdi

donderdag
Zedi

zondag
Dimans

gisteren
yer

vandaag
zordi

morgen
demin

ochtend
gramatin

middag
midi

avond
aswar

werkdagen
zour travay

weekend
wikenn

regen
lapli

regenboog
larkansiel

wind
divan[

sneeuw
lanez

lente
printan

herfst
otonn

zomer
lete

winter
liver

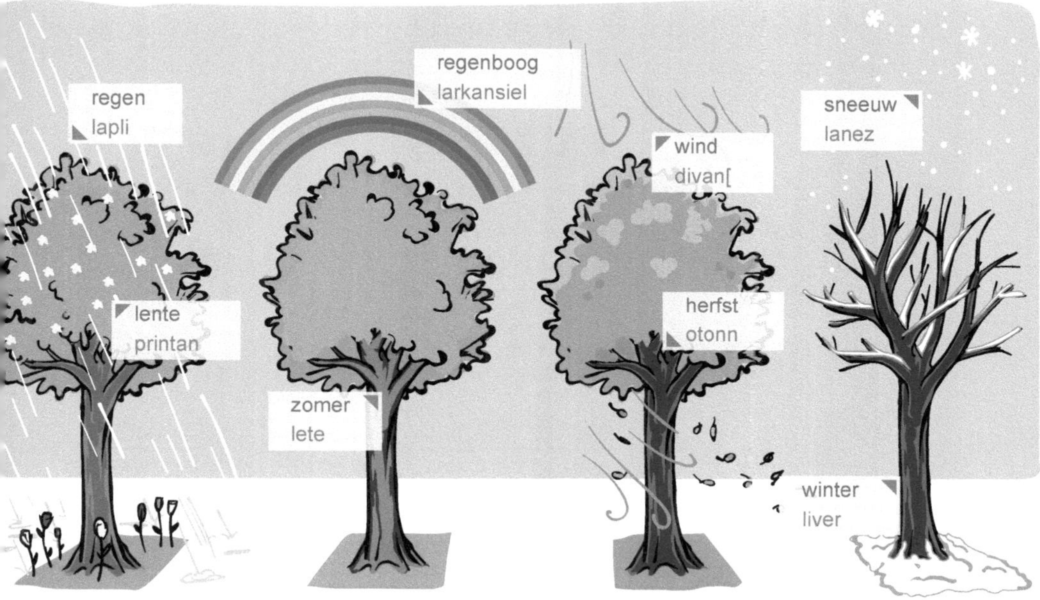

weervoorspelling
meteo

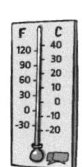

thermometer
termomet

zonneschijn
lalimier soley

wolk
niaz

mist
brouyar

vochtigheid
limidite

bliksem

lafoud

donder

toner

storm

tanpet

hagel

lagrel

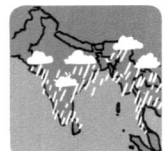

moesson

mouson

overstroming

inondasion

ijs

laglas

januari

Zanvie

februari

Fevriye

maart

Mars

april

Avril

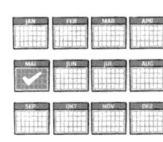

mei

Me

juni

Zien

juli

Zilie

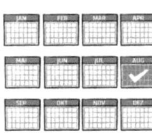

augustus

Out

september
....
Septam

oktober
....
Oktob

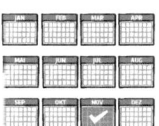

november
....
Novam

december
....
Desam

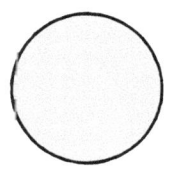

cirkel
....
ron

kwadraat
....
kare

rechthoek
....
rektang

driehoek
....
triang

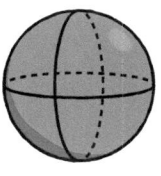

bol
....
sfer

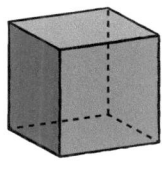

kubus
....
kib

wit
blan

geel
zonn

oranje
oranz

roze
roz

rood
rouz

paars
mov

blauw
ble

groen
ver

bruin
maron

grijs
gri

zwart
nwar

veel / weinig

boukou / enn tigit

boos / kalm

ankoler / kalm

mooi / lelijk

zoli / vilin

begin / einde

koumansman / lafin

groot / klein

gro / tipti

licht / donker

kler / obskirite

broer / zus

frer / ser

proper / vuil

prop / sal

volledig / onvolledig

konple / inkonple

dag / nacht

lizour / lanwit

dood / levend

vivan / mor

breed / smal

larz / sere

eetbaar / oneetbaar

komestib / inkomestib

kwaadaardig / vriendelijk

move / bon

opgewonden / verveeld

exsite / agase

dik / dun

gra / mins

eerst / laatst

premie / dernie

vriend / vijand

kamwad / lennmi

vol / leeg

ranpli / vid

hard / zacht

dir / mou

zwaar / licht

lour / leze

honger / dorst

fin / swaf

ziek / gezond

malad / bien

illegaal / legaal

ilegal / legal

intelligent / dom

intelizan / kouyon

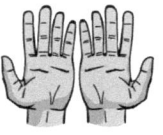

links / rechts

gos / drwat

dichtbij / veraf

pre / lwin

nieuw / gebruikt

nouvo / ize

niets / iets

nanye / kiksoz

oud / jong

vie / zenn

aan / uit

demare / arete

open / dicht

ouver / ferme

stil / luid

trankil / for

rijk / arm

ris / pov

juist / fout

bon / move

ruw / glad

brit / lis

droevig / blij

tris / zwaye

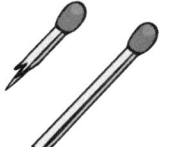

kort / lang

kourt / long

traag / snel

lan / rapid

nat / droog

tranpe / sek

warm / koud

so / fre

oorlog / vrede

lager / lape

0

nul

zero

1

één

enn

2

twee

de

3

drie

trwa

4

vier

kat

5

vijf

sink

6

zes

sis

7

zeven

set

8

acht

wit

9

negen

nef

10

tien

distribiter biye

11

elf

onz

12

twaalf
douz

13

dertien
trez

14

veertien
katorz

15

vijftien
kinz

16

zestien
sez

17

zeventien
diset

18

achtien
dizwit

19

negentien
diznef

20

twintig
vin

100

honderd
san

1.000

duizend
mil

1.000.000

miljoen
milyon

bann langaz

Engels

Angle

Amerikaans Engels

Angle Lamerik

Chinees (Mandarijn)

Mandarin Sinwa

Hindi

Hindi

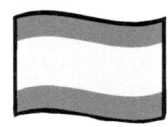

Spaans

espagnol

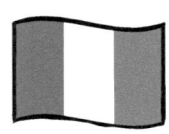

Frans

Franse

Arabisch

Arab

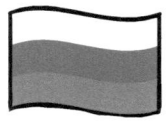

Russisch

Ris

Portugees

Portige

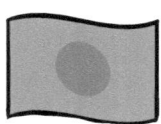

Bengali

Bengali

Duits

Alman

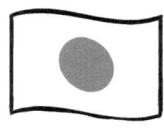

Japans

Zapone

ik
mo

u
to

hij / zij / het
li

wij
nou

u
ou

ze
zot

wie?
kisana?

wat?
kiete?

hoe?
kouma?

waar?
kotsa?

wanneer?
kan?

naam
nom

waar

kotsa

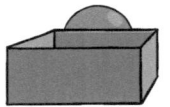

achter

deryer

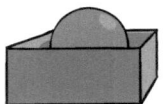

in

dan

voor

devan

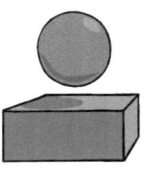

boven

lor

op

lor

onder

anba

naast

akote

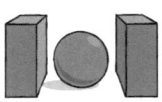

tussen

ant

plaats

plas

-